A Yearly Thanksgiving Tradition of Gratitude

Copyright © 2019 - Minear Adventure Journals

All Rights Reserved

No part of this publication may be reproduced, distributed, or transmitted in any form or by any means, including photocopying, recording, or other electronic or mechanical methods, without the prior written permission of the publisher (Minear Adventure Journals). You may contact the publisher at info@minear.name

ISBN: 9781697218534

This Family Journal Belongs to:

_____

_____

Introduction

For Years, my family has the tradition where everyone at Thanksgiving dinner writes down what they are thankful for that Year. We take turns reading what everyone has written between the main course and dessert. This book was created so we can have a record of what everyone writes each Year.

Have everyone write down their own name in the "We Celebrated With". It is fun to look back through the Years and remember those we have had with us at Thanksgiving.

The "Life Moments This Year" is a place to record births, deaths, adoptions, graduations, engagements, marriages, etc. that happened since the last Thanksgiving.

The "This Year We Are Thankful For" page is for everyone to write at least one thing they are thankful for this Year. Create your own tradition for sharing these with those gathered together each Year.

Store this book in a resealable bag with your Thanksgiving decorations to bring out and enjoy looking through and filling out each Thanksgiving.

Year: _____

We Celebrated With:

_____   _____
_____   _____
_____   _____
_____   _____
_____   _____
_____   _____
_____   _____
_____   _____

～ Life Moments This Year ～

_____
_____
_____
_____
_____
_____
_____

This Year We Are Thankful For

Year: _____

We Celebrated With:

_____   _____
_____   _____
_____   _____
_____   _____
_____   _____
_____   _____
_____   _____

∽ Life Moments This Year ∽

_____
_____
_____
_____
_____
_____

This Year We Are Thankful For

Year: _____

We Celebrated With:

_____   _____
_____   _____
_____   _____
_____   _____
_____   _____
_____   _____
_____   _____

～ Life Moments This Year ～

_____
_____
_____
_____
_____
_____

This Year We Are Thankful For

Year: _____

We Celebrated With:

_____   _____
_____   _____
_____   _____
_____   _____
_____   _____
_____   _____
_____   _____

∽ Life Moments This Year ∽

_____
_____
_____
_____
_____
_____
_____

This Year We Are Thankful For

Year: _____

We Celebrated With:

_____	_____
_____	_____
_____	_____
_____	_____
_____	_____
_____	_____
_____	_____
_____	_____

∽ Life Moments This Year ∽

_____

_____

_____

_____

_____

_____

This Year We Are Thankful For

Year: _____

We Celebrated With:

_____ _____
_____ _____
_____ _____
_____ _____
_____ _____
_____ _____
_____ _____

∽ Life Moments This Year ∽

_____
_____
_____
_____
_____
_____

This Year We Are Thankful For

Year: _____

We Celebrated With:

_____   _____
_____   _____
_____   _____
_____   _____
_____   _____
_____   _____
_____   _____
_____   _____

∞ Life Moments This Year ∞

_____
_____
_____
_____
_____
_____
_____

This Year We Are Thankful For

Year: _____

We Celebrated With:

_____   _____

_____   _____

_____   _____

_____   _____

_____   _____

_____   _____

_____   _____

_____   _____

～ Life Moments This Year ～

_____

_____

_____

_____

_____

_____

This Year We Are Thankful For

Year: _____

We Celebrated With:

_____   _____
_____   _____
_____   _____
_____   _____
_____   _____
_____   _____
_____   _____
_____   _____

Life Moments This Year

_____
_____
_____
_____
_____
_____

This Year We Are Thankful For

Year: _____

We Celebrated With:

_____ _____
_____ _____
_____ _____
_____ _____
_____ _____
_____ _____
_____ _____

∽ Life Moments This Year ∾

_____
_____
_____
_____
_____
_____

This Year We Are Thankful For

Year: _____

We Celebrated With:

_____   _____
_____   _____
_____   _____
_____   _____
_____   _____
_____   _____
_____   _____
_____   _____

⁓ Life Moments This Year ⁓

_____
_____
_____
_____
_____
_____
_____

This Year We Are Thankful For

Year: _____

We Celebrated With:

_____   _____

_____   _____

_____   _____

_____   _____

_____   _____

_____   _____

_____   _____

∽ Life Moments This Year ∽

_____

_____

_____

_____

_____

_____

This Year We Are Thankful For

Year: _____

We Celebrated With:

~ Life Moments This Year ~

This Year We Are Thankful For

Year: _____

We Celebrated With:

_____   _____

_____   _____

_____   _____

_____   _____

_____   _____

_____   _____

_____   _____

∼ Life Moments This Year ∼

_____

_____

_____

_____

_____

_____

This Year We Are Thankful For

Year: _____

We Celebrated With:

_____   _____

_____   _____

_____   _____

_____   _____

_____   _____

_____   _____

_____   _____

Life Moments This Year

_____

_____

_____

_____

_____

_____

This Year We Are Thankful For

Year: _____

We Celebrated With:

_____ _____
_____ _____
_____ _____
_____ _____
_____ _____
_____ _____
_____ _____

∽ Life Moments This Year ∽

_____
_____
_____
_____
_____
_____

This Year We Are Thankful For

Year: _____

We Celebrated With:

_____   _____

_____   _____

_____   _____

_____   _____

_____   _____

_____   _____

_____   _____

_____   _____

∽ Life Moments This Year ∽

_____

_____

_____

_____

_____

_____

_____

This Year We Are Thankful For

Year: _____

We Celebrated With:

_____ _____
_____ _____
_____ _____
_____ _____
_____ _____
_____ _____
_____ _____
_____ _____

～ Life Moments This Year ～

_____
_____
_____
_____
_____
_____

This Year We Are Thankful For

Year: _____

We Celebrated With:

~~~ Life Moments This Year ~~~

This Year We Are Thankful For

Year: _____

We Celebrated With:

_____ _____
_____ _____
_____ _____
_____ _____
_____ _____
_____ _____
_____ _____

∽ Life Moments This Year ∽

_____
_____
_____
_____
_____
_____
_____

This Year We Are Thankful For

Year: _____

We Celebrated With:

_____   _____

_____   _____

_____   _____

_____   _____

_____   _____

_____   _____

_____   _____

_____   _____

～ Life Moments This Year ～

_____

_____

_____

_____

_____

This Year We Are Thankful For

Year: _____

We Celebrated With:

_____ _____

_____ _____

_____ _____

_____ _____

_____ _____

_____ _____

_____ _____

～ Life Moments This Year ～

_____

_____

_____

_____

_____

_____

This Year We Are Thankful For

Year: _____

We Celebrated With:

~~ **Life Moments This Year** ~~

This Year We Are Thankful For

Year: _____

We Celebrated With:

_____ _____
_____ _____
_____ _____
_____ _____
_____ _____
_____ _____
_____ _____
_____ _____

～ Life Moments This Year ～

_____
_____
_____
_____
_____
_____
_____

This Year We Are Thankful For

Year: _____

We Celebrated With:

_____   _____
_____   _____
_____   _____
_____   _____
_____   _____
_____   _____
_____   _____
_____   _____

～ Life Moments This Year ～

This Year We Are Thankful For

Year: _____

We Celebrated With:

_____   _____
_____   _____
_____   _____
_____   _____
_____   _____
_____   _____
_____   _____

～ Life Moments This Year ～

_____
_____
_____
_____
_____
_____
_____

This Year We Are Thankful For

Year: _____

We Celebrated With:

_____   _____
_____   _____
_____   _____
_____   _____
_____   _____
_____   _____
_____   _____
_____   _____

∽ Life Moments This Year ∽

_____
_____
_____
_____
_____
_____

This Year We Are Thankful For

Year: _____

We Celebrated With:

_____   _____
_____   _____
_____   _____
_____   _____
_____   _____
_____   _____
_____   _____

∽ Life Moments This Year ∽

_____
_____
_____
_____
_____
_____

This Year We Are Thankful For

Year: _____

We Celebrated With:

_____ _____
_____ _____
_____ _____
_____ _____
_____ _____
_____ _____
_____ _____
_____ _____

∽ Life Moments This Year ∽

_____
_____
_____
_____
_____
_____
_____

This Year We Are Thankful For

Year: _____

We Celebrated With:

_____ _____
_____ _____
_____ _____
_____ _____
_____ _____
_____ _____
_____ _____

～ Life Moments This Year ～

_____
_____
_____
_____
_____
_____

This Year We Are Thankful For

Year: _____

We Celebrated With:

_____   _____
_____   _____
_____   _____
_____   _____
_____   _____
_____   _____
_____   _____

∽ Life Moments This Year ∽

_____
_____
_____
_____
_____

This Year We Are Thankful For

Year: _____

We Celebrated With:

_____	_____
_____	_____
_____	_____
_____	_____
_____	_____
_____	_____
_____	_____

～ Life Moments This Year ～

_____

_____

_____

_____

_____

_____

This Year We Are Thankful For

Year: _____

We Celebrated With:

_____   _____
_____   _____
_____   _____
_____   _____
_____   _____
_____   _____
_____   _____

～ Life Moments This Year ～

_____
_____
_____
_____
_____
_____
_____

This Year We Are Thankful For

Year: _____

We Celebrated With:

_____   _____

_____   _____

_____   _____

_____   _____

_____   _____

_____   _____

_____   _____

∼ Life Moments This Year ∼

_____

_____

_____

_____

_____

_____

This Year We Are Thankful For

Year: _____

We Celebrated With:

_____   _____

_____   _____

_____   _____

_____   _____

_____   _____

_____   _____

_____   _____

_____   _____

∽ Life Moments This Year ∽

_____

_____

_____

_____

_____

_____

_____

This Year We Are Thankful For

Year: _____

We Celebrated With:

_____   _____
_____   _____
_____   _____
_____   _____
_____   _____
_____   _____
_____   _____

∽ Life Moments This Year ∽

_____
_____
_____
_____
_____
_____

This Year We Are Thankful For

Year: _____

We Celebrated With:

_____ _____
_____ _____
_____ _____
_____ _____
_____ _____
_____ _____
_____ _____

∽ Life Moments This Year ∽

_____
_____
_____
_____
_____
_____

This Year We Are Thankful For

Year: _____

We Celebrated With:

_____   _____

_____   _____

_____   _____

_____   _____

_____   _____

_____   _____

_____   _____

∽ Life Moments This Year ∽

_____

_____

_____

_____

_____

_____

This Year We Are Thankful For

Year: _____

We Celebrated With:

_____ _____
_____ _____
_____ _____
_____ _____
_____ _____
_____ _____
_____ _____

∽ Life Moments This Year ∽

_____
_____
_____
_____
_____
_____
_____

This Year We Are Thankful For

Year: _____

We Celebrated With:

_____   _____
_____   _____
_____   _____
_____   _____
_____   _____
_____   _____
_____   _____

～ Life Moments This Year ～

_____
_____
_____
_____
_____
_____

This Year We Are Thankful For

Year: _____

We Celebrated With:

_____   _____
_____   _____
_____   _____
_____   _____
_____   _____
_____   _____
_____   _____

～ Life Moments This Year ～

_____
_____
_____
_____
_____
_____

This Year We Are Thankful For

Year: _____

We Celebrated With:

_____   _____

_____   _____

_____   _____

_____   _____

_____   _____

_____   _____

_____   _____

～ Life Moments This Year ～

_____

_____

_____

_____

_____

_____

_____

This Year We Are Thankful For

Year: _____

We Celebrated With:

_____   _____
_____   _____
_____   _____
_____   _____
_____   _____
_____   _____
_____   _____

～ Life Moments This Year ～

_____
_____
_____
_____
_____
_____
_____

This Year We Are Thankful For

Year: _____

We Celebrated With:

_____ _____
_____ _____
_____ _____
_____ _____
_____ _____
_____ _____
_____ _____

～ Life Moments This Year ～

_____
_____
_____
_____
_____
_____

This Year We Are Thankful For

Year: _____

We Celebrated With:

_____   _____
_____   _____
_____   _____
_____   _____
_____   _____
_____   _____
_____   _____

～ Life Moments This Year ～

_____
_____
_____
_____
_____
_____

This Year We Are Thankful For

Year: _____

We Celebrated With:

_____ _____

_____ _____

_____ _____

_____ _____

_____ _____

_____ _____

_____ _____

∽ Life Moments This Year ∽

_____

_____

_____

_____

_____

_____

This Year We Are Thankful For

Year: _____

We Celebrated With:

_____   _____
_____   _____
_____   _____
_____   _____
_____   _____
_____   _____
_____   _____

～ Life Moments This Year ～

_____
_____
_____
_____
_____
_____

This Year We Are Thankful For

Year: _____

We Celebrated With:

_____   _____
_____   _____
_____   _____
_____   _____
_____   _____
_____   _____
_____   _____

～ Life Moments This Year ～

_____
_____
_____
_____
_____

This Year We Are Thankful For

Year: _____

We Celebrated With:

～ Life Moments This Year ～

This Year We Are Thankful For

Year: _____

We Celebrated With:

_____ _____
_____ _____
_____ _____
_____ _____
_____ _____
_____ _____
_____ _____

～ Life Moments This Year ～

_____
_____
_____
_____
_____
_____

This Year We Are Thankful For

Made in the USA
Monee, IL
22 November 2023

47145507R00059